25 OCTOBRE 1830.

PARIS,

CHEZ ALEXANDRE MÉNIER,

PLACE DE LA BOURSE;

DELAUNAY, PALAIS-ROYAL.

—

1830.

25 OCTOBRE 1830.

. . . . Legem.
(Tac., *Annal.*)

Il est au fond des sociétés humaines une idée indéfinissable, comme tout ce qui est nécessaire ici-bas, par laquelle seule elles peuvent exister: celle de légalité. Toutes les fois que la loi actuelle est supportable, qu'une voie légale est ouverte aux améliorations, la société, abdiquant une partie de son activité vagabonde, l'accepte comme forme définitive et normale. Son action, ainsi circonscrite dans le cercle magique tracé autour d'elle, se règle dans cette sphère constitutionnelle, et l'ordre en résulte. Cette puissance merveilleuse est d'autant plus forte que son point de départ est plus éloigné et que la société à laquelle elle s'applique possède plus de moralité. Alors que la théocratie et le droit divin des rois ont successivement disparu des croyances, la loi ne peut être que l'œuvre du peuple. Elle n'est pas un droit absolu; elle n'est qu'un fait que l'habitude place hors de la sphère contestée. D'un autre côté, la morale, quelle que soit sa base, étant elle - même une loi qui règle les rapports individuels, elle peut parfois, pendant un provisoire plus ou moins prolongé, suffire à régler les rapports sociaux. Ainsi une moralité sévère peut protéger une société pendant un interrègne de loi, prêter force à une légalité jeune encore; et une légalité entourée de fortes habitudes peut protéger long-temps une société où toute foi, toute morale, ont fléchi. En droit, dans le champ illimité de la souveraineté du peuple, la résistance, l'insurrection, sont un droit de tous les instants que rien ne modifie : car nulle volonté humaine ne fait loi pour autrui. En fait, quand on a adopté le principe de l'utilité sociale, la loi comme règle, l'insurrection devient un mal inexprimable, un immense crime : car elle bouleverse et remet en question toutes les existences, tous les faits sociaux qu'on désigne sous le nom de droits acquis, et qui constituent le patrimoine de l'humanité. L'insurrection peut partir du gouvernement ou des gouvernés. Qu'elle vienne de l'un ou de l'autre côté, la résistance de la part de celui qui se rallie à la loi est le plus saint des droits, sinon des devoirs. C'est là cette sorte d'insurrection défensive, nécessairement transitionnelle, de défense extralégale de la loi extralégalement attaquée, que l'immortelle déclaration des droits a sanctionnée.

Tout ce que nous venons de dire nous l'avons dit dans l'hypothèse d'une loi supportable. Par trop mauvaise, elle n'est pas loi à nos yeux. En pure théorie, cet énoncé serait bien vague ; en fait, il sera suffisamment éclairci pour notre usage en ajoutant comme exemple explicatif que la loi moscovite avec le servage, la loi carolinienne avec l'esclavage, nous semblent intolérables ; que les gouvernements d'Espagne et d'Italie sont en insurrection permanente contre la loi, et que la légalité, telle que nous l'avions sous la restauration, nous semblait acceptable. Nous ajouterons que, pour être acceptable, une législation doit offrir un moyen légal de l'améliorer à mesure des besoins : car, l'humanité étant progressive, la loi doit l'être aussi ; et, si une voie régulière n'y est pas ouverte au progrès, l'esprit du siècle venant un jour à se trouver en désaccord violent avec elle, la force progressive brisera insurrectionnellement cette loi, bonne jadis, devenue intolérable sans pourtant avoir changé.

Nous savons combien la légalité de la restauration était défectueuse ; combien le pouvoir chargé de l'appliquer lui était antipathique et hostile ; comme il s'attachait à la pervertir, à l'éluder, à en fausser l'application, à en empêcher le progrès ; avec cela, nous n'hésitons pas à le répéter, la légalité alors était supportable. La nation s'y était franchement rattachée ; elle n'attendait que de la loi, ne voulait que par elle l'amélioration, le progrès de cette loi. Depuis huit ans toute conepiration avait cessé. L'opposition, d'irrégulière, d'insurrectionnelle, devenue légale, ne songeait même pas, comme la royauté contre la nation, à conspirer contre la royauté avec la loi. Quoiqu'on eût, les uns pour la royauté, les autres pour cette royauté, peu de sympathie, même de la répugnance, on l'acceptait comme une portion de la loi. Si la dynastie, elle, eût accepté la loi, sa durée était indéfiniment assurée, son existence indéfiniment rattachée à l'ère transitionnelle sans doute, mais susceptible de longs développements, de la monarchie représentative. Ce fut l'époque de la plus grande force de cette dynastie. Elle la méconnut. Stupidement préoccupée d'une idée désormais cadavre, sa légitimité, elle fut parjure à la légalité ; elle s'insurgea. La nation, indignée, se leva ; en trois jours la dynastie insurgée avait cessé d'être.

Disons-le franchement, quand, au milieu de la période de la restauration, des conspirations s'ourdirent contre la royauté, il n'est point vrai, ainsi que nous l'avons entendu, il y a quelques semaines, sur la place de Grève, que les généreux patriotes qui portèrent alors leur tête sur l'échafaud périrent pour avoir voulu faire quelques années plus tôt ce que le peuple a fait en juillet 1830. Nous serions fiers sans doute d'avoir été associés à leurs

entreprises avortées, car il y avait là conviction ar-
dente, nobles pensées, courage et dévouement ; mais
maintenant, jugeant à tête reposée, nous pensons que
tout cela était fourvoyé, que la société était gravement
et illégalement compromise.

Il s'agissait alors pour les conspirateurs d'atteindre, à tra-
vers la loi, un pouvoir réputé hostile, mais qui, ne l'ayant
pas encore ouvertement violée, était protégé par elle. La
nation, amoureuse d'ordre, ne sympathisait point avec
le vœu de ceux qui croyaient se dévouer pour elle, et ne
s'indigna de leur sort que parce qu'elle ne crut pas à leur
entreprise. Dans les trois jours au contraire une admirable
population prêta force à la loi contre une dynastie qui
tentait de la violer. Les héros des trois jours n'ont pas été
plus héroïques, mais ils ont raisonné plus juste que les
martyrs de la Grève ; et la nation, qui raisonnait comme
eux, en eût fait autant qu'eux, si les braves des barri-
cades lui eussent laissé le temps de faire quelque chose.
C'est cette profonde conviction de la loi qui a marqué
tout le mouvement populaire d'un si merveilleux caractère d'ordre, de modération et de respect pour le droit.
C'est là la cause de cet empressement de la masse à abdiquer cette force insurrectionnelle, magnifique dans ses
déploiements nécessaires et subits, mais qui ne saurait
se prolonger sans désordre au-delà de l'urgence d'un moment. Heureusement les masses trouvèrent tout près d'elle
un pouvoir entre les mains de qui abdiquer ; une chambre
en qui le pays avait confiance, puisque c'était elle qui, en
1828, avait enrayé la marche coupable du pouvoir, qui
naguère s'était faite auprès du trône l'interprète du grief
national ; c'était elle qui, par sa fermeté, avait empêché
qu'une légalité fallacieuse ne demeurât au pouvoir contre-

révolutionaire ; elle, enfin, qui, réenfantée de nouveau avec effort par le pays, en face d'une royauté menaçante, avait décidé le parjure de cette royauté. Ce fut donc un bonheur que la chambre, produit d'une volonté nationale hautement quoique incomplétement manifestée, se trouvât là, survivant seule au naufrage du go uvernement de France. Nous ne parlons pas de la chambre des pairs, pouvoir sans racines dans le sol, et qui, d'ailleurs, n'apparaissait nullement en ces jours de dangers. La chambre populaire était donc le seul débri de la légalité, la seule source d'où elle pût renaître sans désordre. Soyons rigoureux, la chambre était ce qui se rapprochait le plus de la légalité ; car, quoique élue par la nation, il faut bien avouer qu'elle l'était pour défendre contre la royauté le *statu quo* de la légalité. Elle n'avait donc nulle mission pour sa position extra-légale ; l'urgente nécessité l'en investit. La loi avait triomphé ; la royauté était anéantie par le fait de son aggression. Une violation de la loi aussi directe que celle dont elle s'était rendue coupable n'est pas de celles que couvre la responsabilité ministérielle. Elle avait déclaré guerre ouverte à la nation ; la nation l'avait détrônée. Mais, par le fait même de la victoire de la loi, la loi était gravement atteinte : car un de ses principaux éléments venait de disparaître, le pacte fondamental était brisé, la nation était forcément rentrée dans sa souveraineté. La loi entière, suspendue, attendait une nouvelle sanction.

Personne n'a plus que nous un profond respect pour le droit. Nous le regardons comme la source de tout ordre, de toute justice. Mais en exiger la rigoureuse application jusqu'à ses plus extrêmes conséquences serait souvent impraticable ; et l'utilité, sans le détruire jamais, doit le modifier ou plutôt le restreindre parfois dans la pratique. Ainsi l'incontestable principe de la souveraineté populaire subsiste lors même qu'on ne le pousse pas jusqu'au suffrage universel, quand les fondés de pouvoir de la nation ont un mandat satisfaisant. Dans la position où se trouva la chambre, deux systèmes de conduite se présentaient à elle. Elle pouvait pourvoir provisoirement au gouvernement du pays; puis, après avoir élargi plus ou moins la base électorale reconnue trop étroite, attendre, sans se dissoudre, que le pays envoyât, pour la remplacer, des représentants dont le mandat eût été spécial, et parmi lesquels le plus grand nombre d'entre eux se fût sans doute, à bon droit, retrouvé. Cette représentation nouvelle eût alors définitivement statüé sur la loi future du pays, conservé, modifié à son gré, dans celle qui se trouvait suspendue. Le second système consistait à pourvoir d'une manière définitive aux modifications nécessaires de la constitution du pays, puis à entrer de suite dans l'exercice de cette loi ainsi plus ou moins modifiée. Le premier parti semblait le plus conforme au droit absolu, mais hasardeux pour la paix publique : car il faisait provisoirement table rase, reniait tout le passé, et remettait tout en question. Le second, moins rigoureux en droit, était plus rassurant. Il se rattachait à la loi subsistante, en se bornant à la réviser partiellement pour l'améliorer. Il avait le grand avantage de présenter à la nation une légalité déjà faite, déjà entourée d'un respect de plusieurs années, de l'attachement qu'inspire ce qu'on vient de défendre; il rattachait l'avenir au passé. Ce parti fut pris par la chambre; elle remplaça la royauté félonne par une royauté nouvelle, nationale, que le vœu public appelait. Puis elle revisa avec hâte, avec trop de hâte, la loi fondamentale. A cette résolution péremptoire tout depuis nous garantit l'assentiment du pays. Une légalité est fondée; c'est chose jugée; il n'y a plus à revenir là-dessus.

Il est absurde de dire que, la nation ayant combattu pour la loi, cette loi, défendue par elle, ne devait pas être touchée; que, n'ayant jamais demandé que l'exécution franche et entière de la loi dans toutes ses conséquences, elle ne devait pas demander davantage après la victoire; enfin qu'elle devait se tenir heureuse d'avoir conquis ce qui avait été le *nec plus ultra* de ses vœux avant la bataille. Le propre de l'esprit de légalité, pour lequel nous nous sommes si hautement déclaré, est de tirer de la loi tout le parti possible, de la développer, de l'améliorer par elle-même; d'avancer lentement, mais régulièrement; de ne jamais hâter par un coup de main un perfectionnement, dans la conviction d'abord qu'aucun ne peut entrer en balance avec le danger possible et les maux nécessaires d'une révolution violente; en second lieu, que la légalité nouvelle que fonderait l'insurrection, quelque perfectionnée qu'elle fût, ne vaudrait probablement pas l'ancienne sous le rapport de la force et de la stabilité, car on improvise difficilement à volonté une légalité. Ainsi que nous l'avons dit, l'ancienneté, l'habitude augmentent incalculablement son prestige; des circonstances souvent sévères lui rallient les assentiments divergents. La légalité est une plante qui, ainsi que l'a dit de sa fantastique légitimité un homme du camp ennemi, M. de Maistre, d'ordinaire ne croît que dans le sang. Mais l'esprit de légalité n'est pas celui de servitude; il n'est pas de la pusillanimité. Toujours prêt à accepter le combat, qu'il n'engage jamais, sa crainte de l'anarchie ne va pas à laisser porter atteinte à la loi par peur des dangers du combat. Les hasards, quels qu'ils soient, sont à la responsabilité de l'aggresseur. Et, quand d'une résistance légale est née une révolution, il y aurait par trop de duperie à n'en pas profiter pour acquérir en un jour tout ce que demande l'esprit du temps. La conséquence d'une révolution doit être de faire franchir d'un bond l'espace qu'en temps calme un peuple se fût résigné à mettre des semaines d'années à parcourir, de le faire entrer sur-le-champ en jouissance d'un avenir qui semblait éloigné, et de lui épargner ainsi les efforts pénibles, la dépense de force et de temps, qu'il eût consumés à le conquérir pied à pied. C'est bien le moins que la révolution ait cette compensation de ses sacrifices et de ses hasards.

Au dénoûment du drame des trois jours, il était donc dans la mission de la chambre, qui s'était faite constituante, de donner au pays toutes les améliorations possibles sans danger, soit en dedans, soit en dehors de la constitution dont il s'était jusque là contenté et que la royauté abolie avait tenté de déchirer. Avouons avec toute franchise qu'ici la chambre, pour un jour constituante, nous semble être demeurée au-dessous de sa mission. Parmi les améliorations qu'elle eût pu, nous le croyons, sans danger, et par conséquent dû donner au pays, nous signalerons un grand abaissement, que nous n'avons point ici mission de spécifier, du cens électoral et du cens de l'éligibilité, et l'admission d'autres moyens d'éligibilité que le cens; une réorganisation du personnel de la magistrature, en conservant ce qui était comme provisoire; remplacement de la chambre des pairs par une seconde chambre constituée d'après un autre principe; suppression absolue de tout salaire à un culte quelconque; suppression des distinctions nobiliaires; suppression de toute entrave pour la presse périodique, qui serait demeurée dans le droit commun, responsable envers la loi; organisation sur une base d'élection très large des administrations départementales et communales. Nous croyons encore qu'un article de la constitution eût dû organiser le progrès en organisant l'omnipotence parlementaire, qui n'est que l'omnipotence nationale, ou plutôt l'omnipotence de la civilisation ; en constituant avec une grande prudence un moyen extraordinaire et régulier de recours à la souveraineté électorale pour modifier, quand le besoin en serait généralement reconnu, la loi fondamentale, afin d'éviter ainsi à l'avenir tout mouvement irrégulier pour satisfaire ses nécessités, et de supprimer dans les cas majeurs tout argument mal appliqué tiré de la violation de la constitution.

Enfin nous pensons qu'aussitôt accomplie cette mission constituante, des douzièmes votés, la chambre demeurant en attendant assemblée, il eût fallu provoquer de nouvelles élections.

Rien de tout cela n'a été fait. Une seule modification, d'une immense importance il est vrai, a été apportée à l'instrument constitutionnel, et a fondé en réalité la souveraineté parlementaire : nous voulons parler de l'initiative donnée aux trois pouvoirs. Mais, cela excepté, une magnifique occasion de tant acquérir en un jour a été gaspillée, en partie manquée. Sans doute la hâte et la préoccupation d'une position aussi extraordinaire, encore entourée de dangers graves, peuvent être une excuse de ce malheur. Quoi qu'il en soit, il faut s'y résigner. Aucun des changements que nous regrettons n'avoir pas été faits, tous ensemble ne valent pas une insurrection ; ils ne valent pas que la loi soit remise en question. Faits par le peuple ou par une portion du pouvoir au profit du peuple, Dieu nous garde des coups d'état, presque autant que de ceux contre le peuple ! Le regret, l'irritation contre le passé, sont dans la nature ; mais, mis en action, ce sont choses tout-à-fait déraisonnables, car elles portent l'activité humaine là où elle ne saurait s'exercer. Il y a folie à lutter contre la destinée accomplie. Or notre propre volonté, aussitôt qu'accomplie, change de nature, devient un fait, et se retourne derrière nous, vers nous, avec l'irrévocable sceau du destin. Mais une singulière et pénible illusion nous détourne de considérer comme destinée, comme indépendant de notre volonté, ce qui a été notre volonté. Cette portion de nous qui s'est immobilisée derrière nous nous semble nous appartenir encore, et nous ne pouvons d'abord nous résoudre à accepter comme immuable ce qu'a fait notre libre arbitre. Plus ce passé est récent, moins il nous semble absolu. Pourtant hier est aussi irrévocable que ce qui a précédé notre naissance; l'occasion que nous venons de manquer est aussi loin de nous que si elle n'eût jamais été. Il faut, à chaque instant de la durée, accepter comme fait, comme irrévocable, tout le passé, et partir du présent pour conquérir l'avenir. De même, en politique, nous l'avons reconnu en commençant ces observations, plus la loi est récente, moins les masses se trouvent disposées à l'accepter comme définitive. Il leur semble que cette loi, à la naissance de laquelle elles viennent d'assister, qu'elles ont vu faire ou faite, il doit dépendre d'eux de la refaire ou de la réformer. Mais il y a là illusion. Par une fiction sous laquelle nous ne sonderons pas, fiction nécessaire à la stabilité, à l'existence de la société, dont elle est la base, la loi, règle et limite imposée à la liberté absolue, la loi doit être considérée comme irrévocable, comme portion du destin, et l'imagination du citoyen qui vient de la voir naître doit s'imposer d'en oublier la date, qui toujours doit être immémoriale dans la cité.

La loi que le jour à demi rempli nous a donnée est suffisante. Au lieu de perdre le temps en vains et dangereux regrets, mettons-nous à l'œuvre pour en tirer tout le parti possible. Marchons pour regagner le temps perdu. Rien d'irrévocable ne nous domine; aucun obstacle invincible ne nous barre le chemin. Tout ce qui nous gêne, d'abord, se peut supporter, et, de plus, se peut détruire ou modifier sans sortir de l'arène légale.

De bons choix dans la magistrature neutraliseront sur-le-champ ses éléments mauvais; en peu d'années de bonnes nominations l'auront renouvelée en entier.

Quant à la chambre des pairs, la question est encore à juger. Sans doute la chambre constituante eût mieux fait de la trancher; mais enfin on est à temps. Quand il a été dit qu'il serait statué l'an prochain, sans doute on a entendu dire qu'il serait statué par le roi et la chambre des députés ; car celle des pairs peut-elle être appelée à juger dans sa propre cause? Et le doute où la question a été laissée peut-il n'être qu'une déception, ainsi qu'il le serait s'il fallait à la solution de la question la sanction des pairs, qu'évidemment ils ne donneraient qu'à une des deux solutions? Nul corps ne se suicide lui-même, et la suppression de l'hérédité serait la mort de la chambre des pairs, telle que la restauration l'avait entendue. Qu'en théorie on envisage l'élément aristocratique comme un bien ou comme un mal, n'importe. Avec joie ou avec regret, il faut reconnaître qu'en France cet élément n'existe pas. C'est donc un non-sens que de prétendre le constituer. La chambre des pairs n'est rien par elle-même, et ne re-présente rien. Serons-nous démentis en ajoutant qu'elle ne prête force à rien? Si on voulait lui substituer quelque chose qui représentât la seule espèce d'élément qui sem-blerait un peu analogue à l'idée sur laquelle a pu reposer la pairie, la pensée qui se présenterait serait celle d'une seconde chambre, élue de la grande propriété de toute na-ture; seule supériorité sociale que comporte notre civili-sation positive, mobile et abordable à tous comme elle. Ce mode, pure hypothèse, et dont nous sommes loin d'assumer ici la garantie, semble la seule forme sous laquelle puissent maintenant reproduire leur idée les hommes qui veulent que la seconde chambre, sur l'existence de laquelle il n'y a pas de contestation, représente les supériorités, ou plutôt, pour éviter de trancher une démarcation que la nature ne trace pas, les sommités sociales. Ce parti de la stabilité, qui, toujours suivant l'opinion quelques pas en arrière d'elle, modère sa marche progressive, formerait ainsi la force de résistance, à côté de la force de mouvement représentée par la chambre des députés. La grande propriété, sous tous ses formes, tant foncières qu'industrielles, est la palingénésie la plus moderne, et, il semble, définitive et inévitable, de l'élément aristocratique.

Si un parti quelconque eût été pris à l'égard de la chambre des pairs, on lui eût épargné le rôle difficile de cour judiciaire qu'il lui a fallu accepter. Nous disons difficile : car, parmi leurs moyens de défense, les accusés en auront plusieurs de préjudiciels, tirés de la position de leurs juges : d'abord la mutilation de la chambre, mesure qui, très explicable dans l'essence politique de la chambre, devient épineuse dans son essence judiciaire vis-à-vis de crimes antérieurs; en second lieu, l'incertitude de cette position des juges, sur laquelle il y a à prononcer, qui n'est que provisoire, et qui, quoique nous croyions sincèrement que leur indépendance judiciaire n'en sera pas atteinte, jette du discrédit sur leurs fonctions. Simples citoyens, nous tenons sans doute beaucoup à n'être jugés que par des juges inamovibles; cependant on prendrait plutôt son parti de l'être par des juges décidément amovibles que par des juges de l'amovibilité ou inamovibilité desquels il irait être décidé. L'hérédité ou la non-hérédité pour la chambre des pairs est au moins aussi vitale; et, avant de constituer les pairs juges, il semble que leur sort politique eût dû être fixé.

Quant aux distinctions nobiliaires, oubliées dans un coin de la constitution révisée, et ce, nous le croyons, grâce à la noblesse impériale, qui ici aurait sauvé son aînée, l'opinion fera rapidement justice de ce hors-d'œuvre vide de sens. Déjà depuis moins de trois mois les titres féodaux sont presque tombés en désuétude.

La première loi de finance peut réaliser le principe de la mise hors du budget de tous les cultes, que la constitution eût pu proclamer.

Une bonne loi de la presse pourra la rendre à une liberté absolue. La loi départementale et communale peut être faite tout d'abord. Un article additionnel à la constitution pourra, ainsi que cela est dans toutes les constitutions américaines, régler un mode de réviser un de ses articles quelconque. Enfin, pour ce qui est d'une chambre entièrement nouvelle, une ordonnance de dissolution et de convocation suffit à satisfaire ce vœu de circonstance.

Qu'y a-t-il donc en cela, et dans ce que nous avons pu omettre, de si grave, que la légalité n'y puisse suffire, et qu'on ne puisse attendre patiemment qu'elle y pourvoie plus ou moins tôt ?

A côté des questions de choses sont nécessairement celles de personnes. Administrer en France est chose merveilleusement difficile. Vis-à-vis du pays, on s'en tirerait avec de la droiture et du bon sens ; mais, vis-à-vis et au milieu de l'opinion fermentante et variable de Paris, thermomètre souvent faux ou exagéré de l'opinion nationale, vis-à-vis d'une presse périodique par essence en majorité hostile à toute administration, imbue encore des habitudes polémiques de la restauration, dont la liberté la plus absolue est chose nécessaire et sacrée, il faut à une administration une extrême habileté, beaucoup de bonheur, et surtout de caractère et d'homogénéité. Le ministère sorti de la révolution se compose d'éléments plus ou moins hétérogènes. Quatre ministres sans portefeuilles l'encombrent sans nécessité évidente; et on y rencontre une anomalie, contre laquelle il nous semble qu'on ne s'est point assez élevé, qui pourtant choque les premières notions du gouvernement représentatif : le président de la chambre des députés, ainsi à la fois l'homme de la chambre et celui du roi. Nous ne doutons pas que, le mandat du membre de la chambre qui la préside ayant cessé, la monstruosité dont nous parlons ne disparaisse, quel que soit le résultat des présentes élections.

Sans aborder les questions personnelles, l'esprit dominant du ministère se peut résumer par ses deux chefs aux yeux de l'opinion. Il appartient à peu près à l'opinion habile et consciencieuse que représentait, dans l'ancienne polémique, par lui devenue plus rationnelle, l'ancien *Globe*, dont les services dans la direction de l'opinion publique ne sont pas contestés. Nous ne répéterons pas ici le reproche fait à quelques membres du ministère d'être des hommes de la restauration. Entrés nous-même dans l'activité sociale après la république, après même l'empire; formés à la vie politique pendant la restauration, nous qui l'avions acceptée franchement, sans arrière-pensée, jusqu'au moment où une révolution devenue nécessaire par le parjure du pouvoir est venue fonder ce que nous avions voulu que la révolution devînt; nous nous garderons bien de faire à personne un titre de réprobation de dater de la restauration. Ce serait une doctrine aussi par trop excentrique que celle qui, à chaque phase politique ou même législative, réclamerait des hommes nouveaux, prétendrait faire table rase dans le personnel de la popularité, et exigerait du pays un assortiment complet de tout nouvelles capacités. Nous ne jugerons pas ici la doctrine qui, avec une bonne foi à laquelle nous

croyons sans la comprendre, ressuscitant parmi les notabilités de nos diverses phases historiques les plus déplora-
bles, appelle aux affaires des hommes tels que Merlin de
Douay et Barrère; système encore plus inconcevable pour
nous que la doctrine historique qui, regardant comme
nécessaire l'époque terroriste à laquelle ces hommes ap-
partiennent, dont même ils n'ont été que de lâches complices, du moins ne tient plus leurs principes et leurs personnes comme une nécessité dé notre ère.

Nous ne prétendons pas nous constituer les panégyris-
tes du ministère, bien que nous voyons avec autant d'é-
tonnement que de douleur employer contre lui la même
polémique, la même violence, qui étaient de mise contre
les complices de M. de Polignac; bien que nous trouvions
là un triste symptôme, un manque de mésure ou de bonne
foi dans une partie de la presse. Sans doute la position du
ministère était moins simple qu'on ne le prétend, au milieu de craintes, d'embarras, de circonstances, qu'il est
bien plus facile d'apprécier à quelques jours de distance
du parti pris que le jour où on l'a pris, et surtout venant
après une révolution dont on avait dû attendre beaucoup
d'améliorations diverses que la chambre constituante eût
pu improviser, que le pouvoir, rentré dans les voies par-
lementaires, ne pouvait donner en un jet. Qui oserait lui
conseiller de se faire extralégalement constituant? Toutefois, nous croyons qu'on peut reprocher au ministère de
l'incertitude, de l'incohérence dans sa marche, de la len-
teur dans les améliorations réclamées, bon nombre de pé-
chés d'omission. Quant à des fautes graves, positives, de
propos délibéré, nous ne lui en connaissons qu'une. Nous
voulons parler de sa conduite au sujet des clubs. Nous ne
sommes point les partisans des clubs. Sans doute, au sortir de
la grande crise politique de juillet, où la cité fut si glorieu-

sement portée en masse sur la place publique, cette portion nécessairement la plus nombreuse des patriotes que l'organisation subséquente n'appela pas à une participation régulière de l'action gouvernementale, à qui des institutions municipales et départementales n'offraient pas un champ supplémentaire, dut, continuant des fraternités et des préoccupations de la bataille, conserver l'habitude de se réunir, de discuter la chose publique, de dire sa pensée sur elle. Dans la disposition exaltée des esprits, elle dut parler très haut au pouvoir que son bras venait de fonder, lui prodiguer des avis avec un ton impératif, des conseils avec celui de l'impatience, des reproches avec celui de la menace. Peut-être, et nous n'entrerons pas dans cette question, cette intervention d'associations libres dans la lice politique est-elle un bien en thèse générale. Nous pensons toutefois que, dans le moment qui succède aux combats, un des premiers besoins étant de raffermir l'ordre, la légalité, de rassurer le crédit, de rentrer dans les habitudes de la paix, les clubs étaient rendus dangereux par les mêmes circonstances qui les rendaient presque inévitables. Nous croyons de plus que leur direction fut spécialement mauvaise. A la fois divagants et déclamatoires, hostiles à un pouvoir naissant, et impuissants faute de doctrine dirigeante, anarchistes vis-à-vis d'eux-mêmes et de la société, théoriques et pratiques également hors de propos, tels parurent les clubs, ou plutôt tel parut le seul échantillon de club que nous vîmes apparaître, amalgame hétérogène de convictions discordantes, de bonnes intentions et d'impatiences dangereuses, sans ensemble, sans grandes notabilités, et qui fût tombé de lui-même en dissolution, sans l'importance que les inconcevables frayeurs et attaques du pouvoir vinrent lui prêter. Après le ministère, ou en même temps que le minis-

tére, en partie peut-être à sa voix , une portion de la population parisienne prit l'alarme de ces assemblées publi-
ques, traitées tour à tour avec un dédain et avec une épou-
vante l'un et l'autre exagérés. Toutes les fois qu'il y a alarme, il faut faire quelque chose pour rassurer. D'ailleurs ,
à part même les alarmes, il y avait quelque chose à faire
pour rendre régulier et sans danger le rôle de la force qui
surgissait dans la société. Il fallait faire une loi nouvelle
pour une occurrence nouvelle , une loi qui , par exemple,
eût empêché la publicité des séances, demandé quelques
garanties, quelques hommes qui, assumant la responsabilité, personnifiassent chaque société devant la loi.
Que fit le ministère? Il y avait dans l'arsenal de la vieille
législation une loi ridicule et tyrannique, legs odieux d'un
despotisme soupçonneux et hostile , une loi presque tom-
bée en désuétude, même sous le régime aboli , contre laquelle toute les nuances de l'opposition s'étaient élevées
durant des années , que les hommes au pouvoir avaient
eux-mêmes naguère justement flétrie et trangressée. Le
ministère proclama à la tribune que la loi était mauvaise ;
il ajouta que pourtant il y avait danger à l'existence irres-
treinte et sans garantie des clubs ; puis, au lieu de conclure
en présentant une loi nouvelle, qui, sur une matière si
simple, ne demandait nulle enquête et se pouvait improviser en un jour, le ministère déclara que la loi qu'il venait
encore de flétrir serait indéfiniment maintenue, que son
vice serait corrigé par l'arbitraire discernement avec lequel lui , ministère, en userait ou n'en userait pas. Ainsi
fut proclamée une sorte de pénalité facultative, de jurisprudence *ad libitum*, d'arbitraire légal, que certaines matières nécessitent, mais que celle-là repoussait , et que la
disposition des esprits rendait dangereux. Ainsi fut justifié
le reproche d'inconséquence, de déviation inutile des prin-

cipes ; ainsi fut ébranlée la foi à la légalité par l'usage imprudent et non motivé d'une des plus mauvaises lois subsistantes, que l'on pouvait remplacer sans danger. Nul doute qu'en principe, quand il n'y a pas eu solution de continuité dans la jurisprudence, toute loi non abrogée est censée en vigueur. Nous conclurons de là qu'il est du devoir de l'administration de laisser tomber en désuétude, de tenir pour abrogées, ou plutôt d'abroger, de remplacer les parties de la législation en désaccord avec l'esprit de la constitution, que l'opinion publique et la sienne même ont frappées de discrédit et de nullité morale.

La loi flétrie fut donc appliquée ; des hommes dont plusieurs avaient contribué à notre révolution traduits devant les tribunaux. Une partie de la population, que l'amour du repos et de l'ordre, que l'inquiétude, peuvent parfois rendre violente, s'éleva contre les clubs encore non jugés. Force non appelée, partant irrégulière, elle intervint capricieusement. La sentence du tribunal fut devancée par la fermeture du manége Pélier. Quelques jours plus tard, la magistrature bravée se tut devant un plaidoyer accusatoire ; et, la condamnation une fois prononcée, on se réjouit de se voir quitte de cet embarras, sans s'inquiéter si on en était sorti par la bonne porte.

Disons-le cependant franchement, quelque irritation qui apparaisse contre les dépositaires du pouvoir, ce ne sont pas leurs fautes d'omission ou autres dont l'importance nous semble dominer toute la position actuelle : la question vitale maintenant est celle du maintien de la loi. Il faut, après avoir été héroïque dans les trois jours, admirable après la victoire, demeurer maintenant conséquent avec soi-même, non seulement en ne troublant pas l'ordre social, mais encore en le défendant contre la moindre atteinte : car, dans la conjoncture actuelle, la plus légère atteinte à la loi serait d'une incalculable portée par ses conséquences. Ici le fait ne serait rien, que le principe serait immense. Honte et malheur à qui ricanerait au nom d'ordre légal ! Il faut que , par une sorte d'aristocratie de la victoire , pour avoir été héroïque on ne se croie point au-dessus de la loi ; qu'on ne regarde pas ses souvenirs glorieux des trois jours comme un privilége pour braver, même avec les meilleures intentions du monde, le droit commun. Il faut que des sympathies mal entendues n'empêchent pas de réprimer quelque tentative coupable que ce soit. Il faut enfin, quoique nous soyons loin de souhaiter qu'il use de ce droit, que le pouvoir puisse se tromper et faire des fautes, non sans être averti , mais sans être menacé.

Des élections vont être faites. Bien que partielles, elles seront significatives. Il faut que l'arrêt du pays, proclamé par cette voie , soit accepté comme son dernier mot ; du moins pour le moment, sur tout ce qui est en litige ; il faut qu'il le soit par les dépositaires du pouvoir ainsi que par leurs adversaires. Que ceux qui ont tant proclamé la souveraineté du peuple n'aillent pas la méconnaître. Hors des crises insurrectionnelles, nécessairement instantanées, cette souveraineté du pays, et non d'une capitale, non même de la presse , qui peut se fourvoyer quelques jours ; ou d'une presse, car il y a aussi des presses dans les départements ; cette souveraineté du pays ne se manifeste que par les élections, et son jugement est sans appel. Que nul ne soit assez osé pour le méconnaître ; que ceux qui croiraient le pays dans l'erreur cherchent à le détromper ; que ceux qui se croient en avant de lui se mettent à son pas. Pas plus que de toute aristocratie nous ne voulons de celle qu'on s'arrogerait de civisme ou de lumières. Nul pouvoir n'a le droit de se prétendre plus patriote, plus logique que le pays. Tout progrès fait en avant de l'opinion est sans durée, car il est factice. Qu'on ne songe donc ni à tourmenter l'opinion , ni à la simuler, ni à lui donner le change sur elle-même, ni à la braver, même par patriotisme. La presse, libre de tout mandat, peut prendre position où bon lui semble. Mais le pouvoir, mandataire du pays, n'a pas plus le droit d'être ou de se prétendre en avant que d'être en arrière ou peut-être en dehors de l'opinion. Et qu'on n'aille pas soutenir que les choix faits par les électeurs n'expriment pas la pensée du pays. Nous ne demandons pas pour le moment le suffrage universel, que la France ne nous semble pas comporter encore, et qui nous apparaît comme un but vers lequel il faut marcher le plus rapidement possible, mais pourtant avec sagesse et graduellement. Pourtant, autant qu'aucun autre, nous eussions désiré l'abaissement immédiat du cens électoral, la participation d'un plus grand nombre de citoyens à la vie politique, bien que cette amélioration n'eût fait qu'atténuer et reculer l'objection. Nous n'en pensons pas moins que les électeurs, même ceux actuels, expriment la pensée nationale. Nous ne voyons nulle scission tracée, nulle antipathie d'intérêts entre les électeurs et les non-électeurs ; ils ne nous apparaissent pas deux classes rivales et hétérogènes ; et nous ne trouvons nul sens à la dénomination nouvellement inventée, soit avec faveur, soit avec défaveur, d'aristocratie bourgeoise. Singulière aristocratie que celle qui suppose quelques cents francs de rente ; qui, ouverte à tous de toutes parts, peut être atteinte par toute industrie, est à la portée de la plus modeste ambition du moindre prolétaire.

Qu'à cette chambre retrempée on demande une loi électorale élargie, quelque autre peut-être urgente, et un budget. Puis, que, par une réélection générale, demandant

à la volonté nationale une complète et incontestable manifestation, l'administration rentre dans la logique rigoureuse, et se place, elle et ses adversaires, face à face de
la souveraineté populaire.

Il est une question d'une importance extrêmement se-
condaire, à laquelle un sentiment de justice confus, des
ressentiments personnels bien respectables, mais suscep-
tibles de se fourvoyer dans leur manifestation, fomentés
et exploités, peut-être, par de coupables intrigues, ont
tout à coup prêté une triste importance. Les ministres
signataires des ordonnances de juillet se fussent enfuis sains
et saufs de notre sol que la chose publique n'en eût été
nullement compromise. Sera-t-il nécessaire de justifier ici
le sentiment qui nous eût fait désirer qu'il en eût été ainsi?
Ils ont été arrêtés, remis à des juges : justice sera faite. La
dignité, le devoir, exigent que, tant que la cause sera pen-
dante, pas un mot qui préjuge l'arrêt ne retentisse à voix
haute dans le pays. Quelle que soit l'issue du jugement, sévère ou non, et fût-elle même, ce qui peut difficilement
se supposer, absolutoire, qu'importe ce qui adviendra de
quatre de nos ennemis, même les plus coupables. Au tra-
vers de cette question subalterne est venue se jeter une
grande question législative : l'abolition de la peine de mort
a été proposée par un homme qui, admirablement dévoué
à ses convictions, a depuis long-temps proclamé celle de
l'illégitimité de la peine capitale; des convictions analo-
gues ont appuyé la sienne, puis d'autres partiellement ana-
logues. Quelques députés restreignaient dans leur vœu l'a-
bolition de la peine capitale aux crimes politiques; plusieurs, sans se rattacher sur ce sujet à aucune croyance
générale, et qui l'avaient prouvé en repoussant assez brus-
quement, quelques mois plus tôt, la théorie de l'auteur de la
proposition, pensaient qu'il serait bien que, dans notre

révolution si glorieuse, si complète, si pure, aucun sang, quelque coupable qu'il pût être, ne fût versé. Tous ces motifs accessoires favorisaient la proposition ; ses partisans s'en réjouirent : peu leur importait de devoir à des considérations de détail, justes ou non, l'accomplissement de ce qui leur semblait une conquête de la civilisation. Pour nous, notre opinion n'est point faite sur cette question, que nous avouons n'avoir pas étudiée. Pour ce qui est du droit, nous ne savons si celui de vie et de mort n'appartient pas à la société ; la loi du talion nous paraît spécieuse. En fait, le grand argument contre la peine de mort nous semble la faillibilité des jugements humains et l'irréparabilité de la peine. Quant à son utilité, elle demande des études spéciales. En tout cas, il nous semble que, s'il y avait dans la chambre la pensée que sa délibération a paru manifester, si l'abolition était dans les convictions de la majorité, il eût été plus convenable de placer un principe de cette importance dans la constitution révisée que d'en faire l'objet d'une hâtive discussion, à demi de circonstance.

Dans cette discussion, quelques convictions s'opposèrent d'une manière générale à la peine de mort ; quelques unes, que nous croyons sincères, réclamaient son maintien spécialement ou même uniquement pour les délits politiques. Mais, tout à coup, à la fin de cette discussion, qui, quoiqu'elle eût paru d'abord obtenir l'assentiment public et celui de la presse, avait eu un dénouement maladroit, une opinion plus ou moins générale dans Paris, plus ou moins répandue dans les provinces, plus ou moins dégagée de préoccupations étrangères, mais très bruyante, fit explosion. Nous n'hésitons pas à le dire, cette manifestation a été la portion la plus triste, la seule fâcheuse peut être de notre vie politique nouvelle. Malheur à qui , même dans l'intérêt de convictions sincères, aurait songé à exploiter cette effrayante effervescence pour renverser un ministère , quelque insuffisant qu'on veuille le supposer. Les masses , avec leur idée de justice sincère et vive, mais confuse, s'imaginèrent qu'on bouleversait la législation uniquement par sympathie pour quatre têtes coupables , comme si la chambre ou le ministère se composaient de complices des ex-ministres. Au sein de ces masses , plusieurs avaient, dans le combat , été atteints dans leurs proches ou leurs amis ; leurs justes douleurs pouvaient parfois dégénérer en désir de vengeance. Elles ont, ces masses, un singulier besoin de tout personnifier, leurs idées, leurs vœux, leurs ressentiments. Le régime déchu, qui leur était si odieux, elles le personnifièrent dans les quatre prisonniers de Vincennes. Un malaise industriel, produit de circonstances compliquées, a succédé à la grande commotion ; les masses, qui en avaient d'abord personnifié la cause dans les clubs, voyant que la fermeture du club n'avait remédié à rien , la personnifièrent dans l'abolition de la peine de mort. Alors nous avons entendu des hommes humains, généreux même, demander les têtes d'accusés livrés à la justice. Nous avons entendu menacer les juges, parler de redresser d'une manière sanglante le jugement à intervenir, s'il n'était pas ce qu'on le souhaitait. Des membres de clubs ont pu dire : Nous qu'on accusait de jacobinisme, nous avons signé une pétition pour l'abolition de la peine capitale en matières politiques ; et ces chauds partisans de l'ordre, qui, irrégulièrement, ont fermé notre réunion , les voilà qui demandent des têtes. Cédant à demi à ce triste reflux d'une partie de l'opinion qu'ils n'avaient pas devancée, quelques journaux s'en sont presque faits les organes, et se sont jetés entre les accusés et les juges, pour leur indiquer un arrêt. Nous avons pu lire dans l'un d'eux ces inconcevables paroles : « Nous espérons que le jugement sera *agréable* au pays. » Dans le grand nombre de ceux qui ne partageaient pas entièrement cette malheureuse effervescence, plusieurs déclaraient ne vouloir rien faire pour la réprimer. Si cette déplorable aberration d'une partie de l'opinion se fût prolongée, notre glorieuse révolution, violemment atteinte, reculait vers une anarchique barbarie. Heureusement cette disposition a changé. Le bon sens public s'est vigoureusement prononcé ; la force nationale a déployé sa civique énergie ; et le pouvoir, qui eût dû le premier parler avec fermeté, du moins a parlé alors que la garde citoyenne avait bravement agi. Egalement amie de l'ordre et de la liberté, aussi énergique que patriotique, elle sait réprimer toute tentative de désordre ; elle se rappelle que le forcené qui tente de bouleverser son pays en est autant l'ennemi, plus coupable seulement, que l'étranger qui en viole en armes la frontière.

Que le pouvoir social se montre donc, et agisse avec le bon droit et la loi, il sera plus fort que peut-être il ne croit l'être ; que jamais le ressort social ne fléchisse, car qui sait comment il se relèverait. Il y a une sorte de virginité du pouvoir, nécessaire à la cité, comme celle des vestales à l'ancienne Rome. Sitôt qu'un pouvoir a fléchi devant la violence ou la séduction ; qu'il est sorti de la légalité, ou qu'on en est sorti contre lui ; qu'il a outrepassé ou qu'on a enfreint son droit constitutionnel ; qu'à son profit, ou au profit de la masse ou d'une masse, la loi a été atteinte entre ses mains, il n'est plus apte à ses fonctions, il ne peut plus gouverner, et la cité est compromise. Que les dépositaires du pouvoir, quels qu'il soient, se hâtent donc de demander à l'ordre légal tout ce qu'il peut nous donner de développements du principe que la révolution a fait triompher ; il n'en est aucun qui ne puisse en sortir. Qu'ils marchent avec franchise et justice , mais qu'ils marchent, il le faut ; que, dans la limite de leurs droits, qui sont leurs devoirs, ils sachent vouloir avec force et homogénéité , exiger l'obéissance même , et surtout de leurs agents. Nous ne pensons pas que le changement ou le maintien du ministère actuel soit indispensable au pays. Mais, pour répéter encore ce que nous avons redit presqu'à chaque ligne de cet écrit, ce qu'il nous faut pardessus tout, ce dont dépend notre vie, le sort de la France et de notre civilisation, c'est qu'en toute chose, depuis la plus haute jusqu'à la plus infime, force demeure à la loi.

F. A. S.

Imprimerie de Guiraudet , rue Saint-Honoré , n° 315.